Alexandra Rodeck

Fit für den
Deutschen Reitpass

Das Begleitbuch zur Prüfung

In neuer Rechtschreibung

1. Auflage 2008
© Ensslin im Arena Verlag GmbH, Würzburg 2008
Cover: Agentur Sorrel, Gabriele Kärcher; Rückseite unten
links Lothar Lenz
Illustration: Astrid Vohwinkel
Fotos: Agentur Sorrel, Gabriele Kärcher: S. 7, 10, 13, 15, 17, 21, 23,
32, 33, 36, 39, 44, 45, 47, 48, 51, 53, 59, 67, 70, 71, 75, 84; Lothar
Lorenz: S. 16, 19, 22, 25, 27, 29, 31, 35, 38, 41, 43, 46, 52, 55, 56,
58, 61, 64, 65, 66, 69, 73, 77, 79, 80, 83
Gesamtherstellung: Westermann Druck Zwickau GmbH
Gestaltung und Satz: Punkt und Komma, Claudia Böhme, Würzburg
ISBN 978-3-401-45321-7

www.arena-verlag.de

Alexandra Rodeck

Fit für den Deutschen Reitpass

Das Begleitbuch zur Prüfung

ENSSLIN

Inhalt

THEORIE

PRAXIS

Der Deutsche Reitpass

Das Ausreiten gehört mit zum Schönsten, was der Reitsport zu bieten hat. Wer träumt nicht davon, hoch zu Ross die Natur zu erkunden? Damit der Ausritt für alle Beteiligten ein Vergnügen wird, sind aber einige Grundkenntnisse notwendig.

Darum gibt es für Geländereiter den **Deutschen Reitpass.** Er ist ein Abzeichen der FN, der Deutschen Reiterlichen Vereinigung. Der Reitpass ist sozusagen der „Führerschein" fürs Ausreiten. Um ihn abzulegen, musst du sicher im Gelände und im Verkehr reiten können und wichtige theoretische Kenntnisse nachweisen. Dieses Wissen hilft dir, ein sachkundiger Reiter zu werden. Besonders wichtig ist, dass du über Umweltschutz, Tierschutz und die Vermeidung von Unfällen gut Bescheid weißt. Ein Reiter sollte bei seinen Streifzügen im Gelände weder Mensch noch Tier oder Natur schaden.

Um den Deutschen Reitpass ablegen zu können, musst du zuerst den **Basispass Pferdekunde** beste-

Den Reitpass kann jeder Reiter ablegen, nicht nur derjenige, der in der deutschen Reitweise ausgebildet ist, sondern auch z. B. Westernreiter, Barockreiter oder Gangpferdereiter. Es gibt

hen. Das ist ein Abzeichen, für das du nicht reiten musst: Du zeigst in der Prüfung, dass du theoretisch und praktisch über Pferdeverhalten, Pferdehaltung, Pflege, Gesundheit, Fütterung, Rassen etc. Bescheid weißt. Für dieses Abzeichen kannst du mit dem Buch „Fit für den Basispass Pferdekunde" lernen (siehe hintere Klappe). Die Kenntnisse aus dieser Prüfung musst du auch für den Reitpass parat haben.

Geländereiten ist für viele Reiter das Größte.

kein Mindestalter für die Prüfung. Du solltest aber körperlich und geistig in der Lage sein, mit den Anforderungen fertig zu werden. Dein Reitlehrer sagt dir, ob du das Abzeichen ablegen kannst.

Das musst du können

Die Prüfung für den Deutschen Reitpass besteht aus einem praktischen und einem theoretischen Teil. Beim Praxisteil ist ein Gruppenausritt ins Gelände gefordert. Dabei musst du Folgendes zeigen:

- Das Vorbereiten des Pferdes, also Putzen, Aufsatteln und Auftrensen
- Reiten in allen Gangarten in der Gruppe
- Einzelgalopp von Punkt zu Punkt
- Das Pferd allein von der Gruppe wegreiten
- Richtiges Reiten in der Gruppe: nebeneinander, gegeneinander, richtiges Überholen
- Reiten im Straßenverkehr und Überqueren von Straßen
- Natürliche Hindernisse überwinden, wie zum Beispiel einen Bach durchqueren, bergauf oder bergab klettern etc.

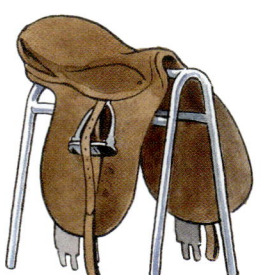

Es gibt bei der Prüfung keine Benotung, entweder heißt es es „bestanden" oder „nicht bestanden". Falls es nicht klappt,

- Richtiges Versorgen des Pferdes nach dem Ritt, aber auch während einer Rast oder bei einem Unfall
- Springen (freiwillig): Du musst vier feste Hindernisse bis zu 80 Zentimeter Höhe überwinden.

Für den theoretischen Teil stellen die Prüfer dir zu folgenden Themen Fragen:
- Reitlehre (Sitz, Hilfen, Gangarten)
- Pferdehaltung
- Pferdepflege
- Richtiges Verhalten beim Reiten im Gelände und im Verkehr
- Umweltschutz
- Unfallvermeidung
- Erste Hilfe für Reiter und Pferd
- Gesetze zum Geländereiten
- Tierschutz
- Außerdem können dir Fragen zum Prüfungsstoff vom Basispass Pferdekunde gestellt werden.

trainiere weiter und versuche es später noch einmal. Vielleicht hilft dir auch ein Lehrgang zur besseren Vorbereitung.

Pferdeverhalten und Pferdehaltung

Als die Pferde noch in wilden Herden die Steppen durchstreiften, entwickelten sie drei typische Eigenschaften:

- Pferde sind **Fluchttiere.**
- Pferde sind **Lauftiere.**
- Pferde sind **Herdentiere.**

Diese Eigenschaften boten ihnen Schutz vor Raubtieren. In möglichen Gefahrensituationen bricht dieses Erbe der Wildpferde wieder durch. Damit dir

Freier Auslauf in der Gruppe ist wichtig für das Wohlbefinden von Pferden.

im Umgang mit Pferden nichts passiert, musst du dir darüber immer bewusst sein.

Als **Fluchttiere** sind Pferde grundsätzlich schreckhaft. Alles Unbekannte betrachten sie zunächst als Gefahr, auf die sie mit Weglaufen reagieren. Das bedeutet für dich als Reiter, ob im Stall, in der Reithalle oder im Gelände (hier natürlich ganz besonders, denn in der freien Natur kann dir und deinem Pferd jederzeit etwas Unbekanntes begegnen), dass du immer aufmerksam die Augen und Ohren offen halten musst. Ein Seitensprung vor Schreck passiert urplötzlich – also nicht träumen!

Als **Lauftiere** brauchen Pferde viel Bewegung. Kein Pferd ist mit ein, zwei Stunden Reiten am Tag ausgelastet – in freier Wildbahn bewegen Pferde sich den ganzen Tag. Eine artgerechte und pferdefreundliche Haltung muss das Laufbedürfnis des Pferdes berücksichtigen.

Als **Herdentier** braucht ein Pferd außerdem Kontakt zu Artgenossen. Es sollte deshalb möglichst nicht allein im Stall gehalten werden.

Sehr artgerecht ist die **Offenstallhaltung.** Dabei wird eine Pferdegruppe auf einer größeren Fläche gehalten, das kann ein Auslauf (Paddock) und/oder eine Weide sein. Zum Schutz vor schlechtem Wetter gibt es einen Unterstand, außerdem müssen Möglichkeiten zum ungestörten Fressen für alle Pferde vorhanden sein, z. B. getrennte Heuraufen, sowie eine Tränke. Offenstallpferde sind meist ausgeglichen und gesund und entwickeln selten Unarten aus Langeweile. Allerdings ist die Verletzungsgefahr für sie größer als für Stallpferde. Manche in der Gruppe gehaltenen Pferde beginnen auch, an den

Ein an die Einzelbox angeschlossener Paddock ist eine gute Lösung zwischen Einzel- und Gruppenhaltung.

anderen Pferden zu „kleben", und jede Trennung bedeutet Aufregung. Wichtig ist, dass kein Pferd allein im Stall oder auf der Weide zurückbleibt und sich vielleicht in Panik steigert.

Bei der Haltung in **Einzelboxen** ist es sehr wichtig, dass die Pferde täglich bewegt werden; das bedeutet nicht nur regelmäßiges Gerittenwerden, sondern auch freien Auslauf. Zu wenig Bewegung schadet den Gelenken, Muskeln und Sehnen und die Pferde können nervös oder teilnahmslos werden.

Ein geschlossener **Laufstall** für mehrere Pferde ist eine Zwischenform zwischen Offenstall und Einzelbox. Hier sind die Pferde zwar im Stall, leben aber in der Gruppe und haben mehr Bewegungsfreiheit.

Das richtige Futter

Gutes Futter ist die Voraussetzung für ein gesundes Pferd. Zu viel, zu wenig oder das falsche ist schädlich. Richtiges Füttern braucht viel Erfahrung – der Futterplan sollte deshalb von einem sachkundigen Erwachsenen erstellt werden und du solltest dich an diesen Plan genau halten. Gefüttert werden sollte mehrmals täglich – mehrere kleine Portionen sind besser als eine große.

Man unterscheidet folgende Futtermittel:

RAUFUTTER: Heu und Stroh

KRAFTFUTTER: Hafer, Gerste, Mais und verschiedene Fertigfuttermittel

SAFTFUTTER: Gras, Silage, Rüben

Das wichtigste **SAFTFUTTER** ist Gras. Es ist das natürlichste Futter für Pferde und kann (auch in getrockneter Form als Heu) in unbegrenzter Menge gegeben werden; im Frühjahr ist allerdings Vorsicht

Direkt nach dem Füttern darf nicht geritten werden! Lass dem Pferd mindestens eine Stunde Zeit zum Verdauen, sonst könnte eine Kolik die Folge sein.

geboten, denn zu viel frisches Gras kann krank machen. Silage und Mohr- oder Futterrüben können je
nach Bedarf zugefüttert werden.

RAUFUTTER liefert dem Pferd wichtige Rohfasern
und ist wichtig für die Verdauung. Stroh wird oft
auch als Boxeneinstreu verwendet; viele Pferde
knabbern den Tag über davon. Heu wird mindestens
zweimal täglich gefüttert.

KRAFTFUTTER gibt Pferden, die arbeiten, Energie.
Das wichtigste Kraftfutter ist Hafer; Mais und Gerste
kommen auch infrage. Kraftfutter muss je nach
Arbeitsleistung sorgfältig abgemessen werden. Zu
viel davon macht die Pferde übermütig und kann

Heu können Pferde bekommen, soviel sie mögen.

Krankheiten auslösen, z. B. den lebensgefährlichen Kreuzverschlag. An Stehtagen muss deshalb die Menge unbedingt gekürzt werden.

Darüber hinaus gibt es noch **ZUSATZFUTTER** wie Vitamin- und Mineralfuttermischungen, Kleie, Leinsamen oder eingeweichte Rübenschnitzel. Auch diese Futtermittel werden nur je nach Bedarf gegeben.

Kraftfutter wird je nach Pferd anders dosiert.

Erhitzte Pferde trinken häufig zu schnell. Lass am besten bei Trinkpausen oder beim Tränken nach dem Reiten das Gebiss

Als **LECKERBISSEN** fütterst du am besten Äpfel, Karotten, altes Brot oder Leckerli; Zucker ist ungesund.

WASSER ist ganz besonders wichtig; Pferde trinken bis zu 50 Liter pro Tag, an heißen Tagen sogar noch mehr. Wenn es keine automatische Tränke gibt, muss regelmäßig von Hand getränkt werden. Auf langen Ausritten muss darauf geachtet werden, dass es unterwegs genügend Möglichkeiten zum Trinken für die Pferde gibt.
Sowohl Tränke als auch Futterkrippen und Raufen müssen immer sauber gehalten werden.

im Maul; so kann das Pferd nicht zu hastig saufen. Eine Handvoll Heu auf der Wasseroberfläche erfüllt denselben Zweck.

Pferdegesundheit

Gewöhne dir an, immer darauf zu achten, ob dein Pferd gesund und fit ist. Kontrolliere es täglich von Kopf bis Fuß auf Veränderungen und Verletzungen; frisst es nicht wie gewohnt oder verhält es sich seltsam, können dies erste Alarmzeichen sein. In so einem Fall überprüfst du am besten die sogenannten PAT-Werte: Puls, Atmung und Temperatur.

Den Puls kannst du am Kopf, an der Innenseite der Ganaschen, fühlen. Die Atmung siehst du, wenn du die Nüstern oder Flanken beobachtest. Die Körpertemperatur misst du mit einem Fieberthermometer. Fette das Thermometer ein und führe es vorsichtig in den After des Pferdes ein. Halte es während des Messens fest und befestige es mit einer Schnur und einer Wäscheklammer am Schweif.

Wenn du beunruhigt bist, hole lieber einmal zu oft den Tierarzt; je schneller Krankheiten erkannt werden, desto besser lassen sie sich behandeln.

18 Zur Grundvorsorge gehören regelmäßige **Wurm-**

PAT-Werte im Ruhezustand:
Puls: 28–40 Schläge pro Minute
Atmung: 8–16 Atemzüge pro Minute
Temperatur: 37,5–38,2 Grad Celsius

kuren (mindestens jedes halbe Jahr) und **Impfungen.** Besonders wichtig sind Impfungen gegen Tetanus (Wundstarrkrampf) und in bestimmten Gebieten auch gegen Tollwut. Empfehlenswert ist eine Impfung gegen Pferdegrippe, bei Turnierpferden ist sie vorgeschrieben. Lass dich vom Tierarzt beraten, welche Impfungen sinnvoll sind.

Es gibt Entwurmungspasten, die dem Pferd ins Maul gespritzt werden.

19

Ein gutes Geländepferd

Was zeichnet ein gutes Geländepferd aus? Einer bestimmten Rasse muss es nicht angehören; ein langer Stammbaum hat auch nichts zu bedeuten. Wichtig ist vor allem, dass das Pferd gut ausgebildet und für seine Aufgabe trainiert ist. Es sollte einen ruhigen, gelassenen Charakter haben und zu deiner Größe und deinem Temperament passen. Wenn du noch nicht viel Reiterfahrung hast, sollte dein Pferd umso erfahrener und schon gut ausgebildet sein. Voraussetzung für ein Geländepferd ist eine gute Grundausbildung. Das Pferd muss die Reiterhilfen willig annehmen und gehorsam und leicht zu lenken sein. Auseinandersetzungen zwischen Reiter und Pferd können in schwierigen Situationen gefährlich werden. Außerdem ist es mühsam, wenn du dich ständig mit deinem Pferd „streiten" musst.

Auch wenn dein Pferd „nur" ein Freizeitpferd ist und du dich hauptsächlich im Gelände bewegst, sollte

es dressurmäßig gearbeitet werden. Ein Pferd, das

Sowohl du als auch dein Pferd sollten versichert sein. Du brauchst eine Unfallversicherung und für das Pferd sollte eine Tierhalter-Haftpflichtversicherung

Geländereiten und Dressurarbeit sollten sich abwechseln.

im Gelände immer nur geradeaus läuft, wird steif, unflexibel und im Kopf „ganz dumm", weil niemals etwas Anspruchsvolleres als „links" oder „rechts" von ihm gefordert wird. Jedes Pferd muss gymnastiziert werden, damit es beweglich und geschmeidig bleibt. Außerdem bleibt es wach und aufmerksam, wenn die Arbeit abwechslungsreich ist und es immer wieder etwas Neues lernt.

bestehen. Diese sichert dich ab, falls das Pferd einmal einen Schaden verursacht – gerade im Gelände passiert schneller etwas, als man denkt.

Damit du dein Pferd nicht überforderst, musst du es regelmäßig trainieren – wochenlang nur Schrittausritte und dann plötzlich ein Tagesritt mit viel Galopp und Trab sind nicht gesund. Such dir für die Ausbildung und das Training deines Pferdes Hilfe von erfahrenen Reitern, die dich und das Pferd entsprechend schulen. Sie können dir auch helfen, einen sinnvollen Trainingsplan aufzustellen.

Ein gutes Geländepferd sollte in einer solchen Situation gelassen bleiben.

Wichtig für ein Geländepferd ist auch, dass es an Straßenverkehr und das Reiten in der Gruppe gewöhnt und scheufrei ist, d. h. nicht vor Unbekanntem sofort davonrennt. Tiere auf der Weide, Traktoren, Wasserläufe, flatternde Fahnen, auffliegende Vögel, spielende Kinder oder herumtollende Hunde dürfen dein Pferd nicht gleich zu Tode ängstigen. Geht ein Pferd in einer solchen Situation durch, kann es zu schweren Unfällen kommen. Es gibt viele „Entschreck-Übungen", mit denen du deinem Pferd die Furcht vor unbekannten Dingen nehmen kannst. Wenn du regelmäßig übst, wird dein Pferd mit der Zeit gelassener und scheut weniger. Lass dir auch hier am besten von einem erfahrenen Pferdekenner helfen.

Reiterspiele machen Spaß und Pferde scheufrei.

Vor und nach dem Ausritt

Das Versorgen des Pferdes vor und nach dem Reiten ist Teil der praktischen Prüfung zum Deutschen Reitpass, aber auch theoretisch musst du Bescheid wissen. Schau dir deshalb den Prüfungsstoff für den Basispass Pferdekunde noch einmal genau an.

Bei der praktischen Prüfung möchte der Prüfer sehen, dass du ein Pferd richtig aufhalftern, führen und anbinden kannst. Dann wird geputzt: Staub und Dreck werden entfernt, verschwitzte und verklebte Stellen gesäubert. Besonders dort, wo Ausrüstung liegen wird, also am Kopf und in der Sattellage, musst du sehr sorgfältig sein. Wenn dein Pferd im Offenstall gehalten wird, putze nicht den gesamten Staub aus dem Fell, denn die Fett-Staub-Schicht schützt dein Pferd auf natürliche Weise vor dem Wetter.

Die Hufe werden vor dem Ausritt ausgekratzt; vergewissere dich, dass die Hufeisen festsitzen. Nimm einen Hufkratzer mit, denn im Gelände können sich

leicht Fremdkörper im Huf festsetzen.

Wenn das Pferd oft auf harten und steinigen Böden geritten wird, brauchen die Hufe Schutz. Frage den Hufschmied, ob und welcher Beschlag für dein Pferd sinnvoll ist.

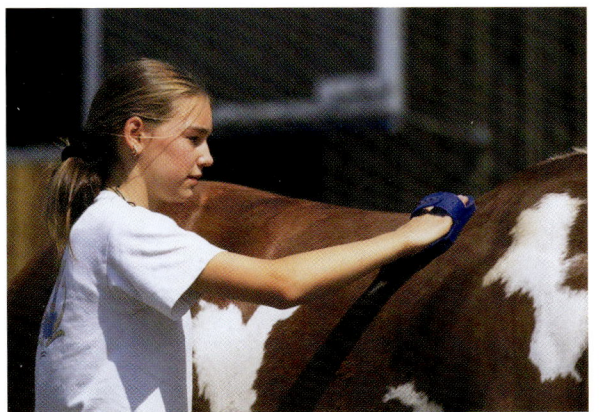

Vor dem Ausritt zeigst du das Putzen.

Gewöhn dir an, vor dem Ausritt zu überprüfen, ob dein Pferd gesund ist. Beim Putzen achte auf Hautveränderungen und Verletzungen. Hat das Pferd Schwellungen oder Druckstellen, hustet es, tränen seine Augen? Wirkt es teilnahmslos oder unruhig, geht es vielleicht lahm? Im Zweifelsfall darf das Pferd nicht geritten werden.

Nach dem Ritt überprüfst du dein Pferd genauso sorgfältig – möglicherweise hat es sich im Gelände verletzt. Außerdem muss es natürlich versorgt werden. Bei warmem Wetter spritzt du ihm mit dem Wasserschlauch die Beine ab; verschwitzte Stellen am Körper kannst du mit lauwarmem Wasser abwaschen. Das überschüssige Wasser ziehst du anschließend mit einem Schweißmesser aus dem Fell. Dann wird das Pferd trockengeführt oder trockengerieben.

Wenn es kühl ist, lass das Wasser weg, das Pferd könnte sich erkälten. Führe oder reibe es nur trocken oder lass es unter einer Abschwitzdecke trocknen. Kontrolliere die Decke zwischendurch; wenn sie nass ist, muss sie ausgetauscht werden.

Nach dem Trocknen wird das Pferd noch einmal geputzt. Schweißreste und Schmutz werden aus dem Fell gebürstet. Natürlich müssen auch die Hufe wieder ausgekratzt und gegebenenfalls gewaschen und eingefettet werden.

Vormustern und Verladen

Bei der Prüfung zum Reitpass musst du das Pferd auch vormustern können. Vorgemustert wird ein Pferd zum Beispiel vor dem Tierarzt, dem Hufschmied oder bei Turnieren vor dem Richter. Du stellst das Pferd im Stand, im Schritt und im Trab vor. Bei der Prüfung wird es dafür gesattelt und gezäumt.
Im Stand soll das Pferd „offen" stehen, das heißt, das dem Betrachter zugewandte Vorderbein steht etwas weiter vorn, das Hinterbein etwas weiter hinten als das andere Beinpaar. So sind alle vier Beine sichtbar. Du stehst vor dem Pferd und hältst einen Zügel in jeder Hand, etwa zehn Zentimeter unterhalb des Gebisses. Das Zügelende legst du in der rechten Hand zusammen.

Korrekt aufgestelltes Pferd

Beim Vorführen im Schritt und Trab gelten dieselben Regeln wie beim normalen Führen: Du gehst links auf Höhe der Pferdeschulter, die Zügel greifst du mit der rechten Hand nah am Gebiss, zwei Finger zwischen den Zügeln. Das Zügelende nimmst du in die rechte Hand. Um die Hand wickeln darfst du die Zügel niemals!

Geh auf einer geraden Linie. Wenn das Pferd nervös ist und vorauslaufen will, heb die linke Hand auf seine Augenhöhe. Mit dieser Hand kannst du es auch in die Wendung dirigieren. Gewendet wird nach rechts und immer im Schritt.

Auch das Verladen musst du als Geländereiter beherrschen. Du willst vielleicht nicht auf Turniere gehen, aber was, wenn sich dein Pferd im Gelände verletzt und es nicht mehr bis nach Hause schafft? Oder es krank wird und in die Klinik muss? Es ist besser, das Verladen zu üben, bevor der Ernstfall eintritt.

Übe immer in Ruhe und mit einem erwachsenen, erfahrenen Helfer. Sei geduldig, wenn das Pferd

Denk beim Verladen immer daran: Gewalt bringt nichts – das Pferd ist im Zweifelsfall stärker. Mit Zwang machst du meist die Angst nur noch schlimmer.

Angst hat – für ein Fluchttier wirkt ein so enger und begrenzter Raum beängstigend. Der Hänger sollte an einer Mauer oder Wand geparkt werden, damit das Pferd nicht so leicht ausweichen kann. Geh ruhig und zielstrebig mit ihm auf die Rampe zu und in den Hänger hinein. Wenn es sich hartnäckig weigert, kann es helfen, zwei Longen hinter ihm zu kreuzen. Vielleicht lässt sich das Pferd auch mit seinem Lieblingsfutter locken?

Reibungsloses Verladen

Die Ausrüstung des Pferdes

Das Pferd wird für den Geländeritt gesattelt und gezäumt. Wenn du die deutsche Reitweise praktizierst, ist dein Pferd mit einem Vielseitigkeitssattel und einer Trense mit gebrochenem Gebiss gut ausgerüstet. Für Isländer verwendet man häufig Trachtensättel mit großer Auflagefläche, die sich besonders für lange Ritte gut eignen. Ein Westernpferd trägt den schweren Westernsattel; in der Westernreitweise gibt es verschiedene gebisslose Zäumungen wie z. B. Hackamore und Bosal, Trensen (Snaffel-Bits) und Kandaren (Bits). Grundsätzlich solltest du die Ausrüstung mit deinem Lehrer und dem Prüfer abstimmen, besonders wenn es um andere als gebrochene Gebisse geht.

Als Hilfszügel ist nur ein Ringmartingal erlaubt, das verhindert, dass das Pferd sich durch Hochstrecken des Kopfes den Zügelhilfen entzieht. Ausbinder, Dreieckszügel oder andere Hilfszügel, die den Pferdehals begrenzen, sind fürs Geländereiten ungeeig-

Gewöhne dir an, vor jedem Ausritt alle Riemen und Schnallen zu überprüfen – kaputte oder angegriffene Teile müssen ausgetauscht werden.

net, da das Pferd sich so nicht richtig ausbalancieren kann. Das Marginal muss richtig verschnallt sein: Bei angenommenem Zügel darf die Zügellinie nicht unterbrochen sein. Zum Schutz der Pferdebeine dürfen Gamaschen verwendet werden. Bandagen sind eher ungeeignet, denn sie rutschen leicht, wenn sie nass werden.

Für die Prüfung musst du das richtige Satteln und Zäumen zeigen, so wie du es für den Basispass schon gelernt hast. Achte darauf, dass das Sicherheitsschloss am Steigbügelriemen geöffnet ist. So kann der Steigbügel sich vom Sattel lösen, falls

Satteldecken mit aufgenähten Satteltaschen eignen sich gut für Tagesritte.

du stürzt und im Bügel hängen bleibst. Es gibt auch Sicherheitssteigbügel, die sich automatisch bei einem Sturz öffnen. Sattel und Trense müssen korrekt angepasst und verschnallt werden.

Je nach Jahreszeit, Wetter und Gegend ist ein Insektenschutz eine gute Idee – die hartnäckigen Plagegeister können den schönsten Ausritt verderben. Es gibt verschiedene Sprays und flüssige Insektenschutzmittel zum Auftragen aufs Fell, aber auch Insektenschutz zum Verfüttern und natürlich Fliegendecken und Netze für Augen und Ohren des Pferdes. Ein Insektenschutz für den Reiter kann auch nicht schaden – du bekommst ihn in Drogerien und Apotheken.

Korrekte Westernausrüstung

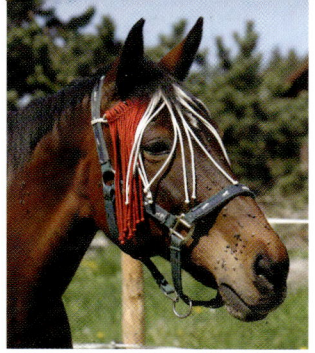

So einen Fliegenschutz kann man leicht selbst machen.

Auf längeren Ausritten solltest du zusätzliche Ausrüstung dabeihaben, die du in Satteltaschen verstauen kannst: Halfter und Strick zum Anbinden bei Pausen, je nach Wetter auch eine Decke fürs Pferd, ein kleines Erste-Hilfe-Paket für den Fall des Falles, ein Getränk (Vorsicht, nicht in Glasflaschen!) – und auf jeden Fall ein Handy, um im Notfall Hilfe rufen zu können!

Mit Vielseitigkeitssattel und Trense ausgestattetes Pferd

Die Ausrüstung des Reiters

Auch du selbst musst für einen Ausritt korrekt ausgerüstet sein. Das Wichtigste ist ein Reithelm, der den gültigen Sicherheitsnormen entspricht. Er muss genau passen und eine Dreipunkt- oder Vierpunktbefestigung haben. Spar beim Helmkauf auf keinen Fall! Am Oberkörper trägst du möglichst eng anliegende Kleidung, je nach Wetter T-Shirt oder Pullover. Zieh lieber zwei dünne Oberteile übereinander an als ein dickes – wenn dir zu warm wird, kannst du eines ausziehen. Auch ein guter Regenschutz ist wichtig. Dann brauchst du noch eine gut sitzende Reithose und Reitstiefel oder Stiefeletten. Die Schuhe müssen bequem sein, für den Fall, dass du dein Pferd einmal führen musst. Zu Stiefeletten gibt es kurze Chaps für die Unterschenkel. Sie ersetzen sozusagen die Stiefelschäfte der Reitstiefel. Aus der Westernreiterei stammen die langen Chaps, eine Art Überhose aus Leder.

Ein guter Reithelm ist unverzichtbar.

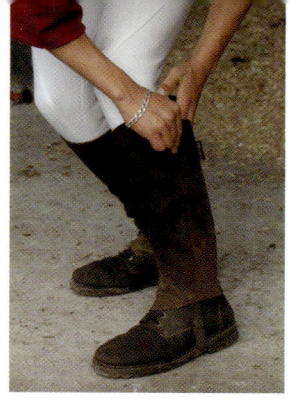

Chaps werden über die Unterschenkel gezogen.

Wenn du im Dunkeln reitest, solltest du zusätzlich zur vorgeschriebenen Beleuchtung reflektierende Kleidung tragen, damit du im Straßenverkehr gut zu sehen bist. Mit Handschuhen hast du die Zügel besonders bei Nässe sicherer im Griff. Eine Schutz-weste für die Wirbelsäule ist besonders beim Sprin-gen im Gelände empfehlenswert. Ob du Gerte und Sporen verwenden sollst, stimmst du mit deinem Lehrer ab.

Der richtige Sitz im Gelände

Ausreiten ist nichts für Anfänger. Zuerst musst du in einer Halle oder auf einem Platz den richtigen Sitz und die korrekte Einwirkung aufs Pferd gelernt haben. Erst wenn du in der Lage bist, in allen Gangarten im Gleichgewicht zu sitzen und dein Pferd immer sicher unter Kontrolle hast, kannst du auch im Gelände reiten. Wenn du in der klassischen Reitweise ausgebildet wirst, lernst du beim Dressurreiten in der Reitbahn den **Dressursitz.** Er sieht, von oben begonnen, so aus:

Der Dressursitz

Sogenannte Sitzschulung an der Longe ist sehr nützlich – auch für erfahrene Reiter ist sie eine gute Korrekturmöglichkeit.

- Kopf gerade, Blick nach vorn
- Gerader aufrechter Rücken
- Die Schultern sind entspannt und gesenkt, die Arme im Ellbogen abgeknickt.
- Die Zügel laufen zwischen kleinem Finger und Ringfinger in deine Faust. Oben auf den Zügel legst du den Daumen, das Zügelende hängt rechts am Pferdehals herunter.
- Pferdemaul, Zügel und Unterarm bilden eine Linie.
- Das Gewicht ruht gleichmäßig verteilt auf dem Gesäß.
- Die Beine liegen nah am Pferd, ohne zu klemmen.
- Die Fersen sind gesenkt.
- Schulter, Hüfte und Absatz bilden eine Linie.

Im Gelände und auch beim Springen musst du zusätzlich den **leichten Sitz** beherrschen. Er entlastet den Pferderücken. Um im leichten Sitz reiten zu können, musst du deine Steigbügel 2 – 3 Löcher kürzer schnallen. Er soll folgendermaßen aussehen: **37**

- Der Oberkörper wird nach vorn geneigt.
- Der Rücken bleibt gerade, der Blick wird nach vorn gerichtet.
- Dein Gewicht ruht jetzt mehr in den Steigbügeln als im Sattel (so wird der Pferderücken entlastet). Du federst die Bewegungen des Pferdes in den Fuß- und Kniegelenken ab.
- Die Beine bleiben nah am Pferd.
- Die Hände gehen im Vergleich zum Dressursitz etwas weiter am Pferdehals nach vorn.

Im leichten Sitz musst du ein besonders gutes Gleichgewicht haben – wenn du dich zu weit nach

Im Gelände wird im leichten Sitz galoppiert.

Auf dem Reitplatz könnt ihr auch Dinge wie das Nebeneinanderreiten für den Ausritt üben.

vorn lehnst, kippst du vornüber. Bevor du ins
Gelände reitest, solltest du im leichten Sitz reiten
können, ohne dich mit den Händen am Pferdehals
abstützen zu müssen. Übe ihn gut auf dem Reitplatz.   **39**

Die Hilfen

In deinen Reitstunden lernst du die Hilfen, mit
denen du dich mit deinem Pferd verständigst. Es
gibt Schenkelhilfen, Gewichtshilfen und Zügelhilfen.

Schenkelhilfen

Es gibt treibende und verwahrende Schenkelhilfen.
Wenn du dein Pferd dazu veranlassen willst, fleißi-
ger vorwärts zu gehen, drückst du mit der Wade
gegen den Pferdekörper. Du sollst nicht quetschen,
klopfen oder gar treten; spann einfach die Waden-
muskulatur an, indem du mit der Pferdebewegung
im Fußgelenk nach unten federst. Wenn du vorwärts
treibst, liegt dein Unterschenkel am Gurt. Wenn du
den Unterschenkel ungefähr eine Handbreit zurück-
legst, gibst du eine verwahrende Schenkelhilfe: Du
hinderst das Pferd daran, mit der Hinterhand seit-
lich auszubrechen. Für seitwärts treibende Hilfen
legst du den Unterschenkel knapp eine Handbreit

Denk daran: Schenkel-, Zügel- und
Gewichtshilfen müssen immer
zusammenwirken. Oft wird viel zu stark mit
den Zügeln eingewirkt – versuche,

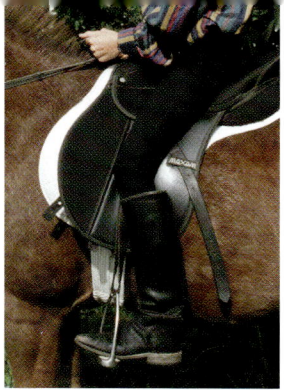

Der vorwärts treibende Schenkel liegt am Gurt.

Der verwahrende Schenkel liegt eine Handbreit hinter dem Gurt.

nach hinten und treibst deutlich zur Seite, der andere Schenkel verwahrt.

Gewichtshilfen

Mit den Gewichtshilfen kannst du sowohl das Tempo als auch die Richtung bestimmen. Verlagerst du das Gewicht zu einer Seite (einseitig belastende Gewichtshilfe), wird dein Pferd in diese Richtung

auch Gewicht und Schenkel ganz bewusst einzusetzen. Nur dann wirst du ein Pferd haben, das deine Hilfen willig annimmt und befolgt.

gehen. Ein Anspannen des Kreuzes treibt das Pferd vorwärts (beidseitig belastende Gewichtshilfen). Im leichten Sitz gibst du eine entlastende Gewichtshilfe.

Zügelhilfen

Die Zügel sind kein „Lenkrad", an dem man herumreißt, um das Pferd zu steuern. Die Zügelhilfen müssen immer zusammen mit Gewichts- und Schenkelhilfen gegeben werden.
In der deutschen Reitweise soll eine ständige, sanfte Verbindung zwischen Reiterhand und Pferdemaul bestehen. Es gibt nachgebende, durchhaltende und annehmende Zügelhilfen. Durchhalten bedeutet, die Verbindung bestehen zu lassen, also weder nachzugeben noch anzunehmen. Um nachzugeben, schiebst du die Hand etwas nach vorn oder federst im Handgelenk; annehmen kannst du den Zügel durch leichtes Drehen der Hand nach innen oder durch Nachfassen des Zügels.

Mit sogenannten halben Paraden, leichtem Anneh-

Jeder annehmenden oder durchhaltenden Zügelhilfe muss eine nachgebende folgen. Wenn du die Zügel immer

Korrekte Zügelhaltung

men und Nachgeben im Zusammenspiel mit den
Schenkel- und Gewichtshilfen, machst du das Pferd
aufmerksam. Außerdem brauchst du sie zum Reiten
von Übergängen von einer Gangart in die andere
und um das Tempo innerhalb einer Gangart zu
regulieren. Eine ganze Parade führt zum Halten.
Du bereitest das Anhalten mit halben Paraden vor
und treibst dann das Pferd gegen die durchhaltenden Zügel. Wenn das Pferd steht, musst du sofort
wieder nachgeben.

„auf Anschlag" kurz hältst, fühlt das Pferd
sich ständig eingeengt und du wirst früher
oder später Widerstand ernten.

Ein gut ausgebildetes Westernpferd arbeitet nach einer Hilfe selbstständig weiter.

Verwahrende Zügelhilfen brauchst du in Wendungen, um das Pferd außen zu begrenzen. Mit einer seitwärts weisenden Zügelhilfe – du führst die Hand zur Seite weg – kannst du dem Pferd die gewünschte Richtung weisen.

In der Westernreitweise gibt es ebenfalls Gewichts-, Schenkel- und Zügelhilfen, doch die Hilfen werden hier anders gegeben. Das Westernreiten ist eine

Sprich mit deinem Pferd! Die Stimme ist nämlich ebenfalls eine Hilfe. Sie kann je nach Tonfall beruhigend oder anspornend wirken.

Signalreitweise. Das Pferd führt nach einer Hilfe den Befehl so lange aus, bis es eine neue Hilfe bekommt. Hast du es also einmal angetrabt, wird nicht wie in der deutschen Reitweise ständig weitergetrieben. Beim Westernreiten wird meist einhändig geritten und ohne ständige Verbindung durch den Zügel zum Pferdemaul.

Für das Reiten von Islandpferden und anderen „Gangpferden", also Pferden, die neben Schritt, Trab und Galopp noch andere Gangarten beherrschen, musst du die entsprechenden Hilfen in Reitstunden bei einem Fachmann erlernen.

Viele Isländer beherrschen den sehr bequemen Tölt, eine Viertaktgangart.

Das Reiten im Gelände

Im Gelände sind viele Pferde lebhafter als in der Reitbahn und die Gruppe spornt sie noch weiter an. Es ist wichtig, dass du trotzdem immer das Gefühl hast, dein Pferd jederzeit anhalten zu können. Versuche auch im Gelände, dein Pferd an die Hilfen zu stellen. Je nach Situation kannst du es im Schritt aber am langen oder auch am hingegebenen Zügel reiten.

Du musst immer die Kontrolle über dein Pferd behalten.

Reite nicht allein ins Gelände – es ist sicherer, in Gesellschaft zu reiten, und mehr Spaß macht es obendrein. Wenn du allein unterwegs bist, solltest

Im Gelände wird leichtgetrabt.

Im Trab wird im Gelände leichtgetrabt, um den Pferderücken zu entlasten. Denk daran, immer wieder umzusitzen, um nicht ein Hinterbein mehr zu belasten als das andere.

Im Galopp wird im Gelände der leichte Sitz eingenommen. Der Galopp sollte auch im Gelände ein rhythmischer Dreitakt bleiben und nicht in wildes Jagen ausarten. Denk daran, dass die Haltung deines Oberkörpers das Tempo beeinflusst. Lehnst du dich vor, wird dein Pferd schneller. Wird dir das Tempo zu flott, nimm den Oberkörper etwas mehr zurück.

du eine Nachricht hinterlassen, wohin du reitest und wann du zurück sein willst. Nimm immer ein Handy mit!

Das Reiten in der Gruppe

In einer Reitergruppe muss Disziplin herrschen. Vor dem Ausritt wird die Reihenfolge der Reiter festgelegt und diese wird dann auch eingehalten. Bei der Einteilung muss beachtet werden, welche Pferde lieber vorn, welche lieber hinten gehen und welche

In der Gruppe bleibt jeder an seinem Platz.

sich nicht leiden können. Vorn und hinten sollte jeweils ein erfahrener Reiter platziert werden. Zwischen den Pferden wird immer ausreichend Abstand gehalten (zwei bis vier Pferdelängen).
Der Anfangsreiter leitet den Ausritt; er gibt die Kommandos, nach denen sich alle richten. Sie werden entweder mündlich oder durch Handzeichen gegeben. In einer großen Gruppe müssen die Kommandos unbedingt weitergegeben werden, damit bis zum letzten Reiter jeder Bescheid weiß.

Die wichtigsten Handzeichen sind:
1. Hochstrecken des Arms: Achtung!
2. Senken des erhobenen Arms auf Schulterhöhe: Marsch! (immer vom Halten zum Schritt)
3. Mehrmaliges Hochstoßen des Arms: Trab!
4. Mehrfaches Schwenken des Arms über dem Kopf, dann Senken des Arms nach vorn: Galopp!
5. Senken des erhobenen Arms zur Seite bis zum Oberschenkel: Langsamer! (in die nächstniedrigere Gangart oder zum Halten)

Grundsätzlich gilt: trocken aus dem Stall, trocken in den Stall. Zu Beginn und am Ende des Ausritts wird Schritt geritten. Am Anfang müssen sich die Pferde erst aufwärmen, am Ende sollten sie die Möglichkeit haben, sich zu entspannen und zur Ruhe zu kommen. Mit einem nass geschwitzten, keuchenden Pferd solltest du nicht im Stall ankommen.

Das Tempo während des Ausrittes bestimmt der Rittführer. Es hängt vom Können der Reiter und der Verfassung der Pferde ab. Grundsätzlich richtet man sich nach dem schwächsten Reiter oder Pferd; Rücksicht gehört zum Reiten dazu!

Zusätzlich muss beim Tempo auch auf den Boden geachtet werden. Ist der Boden uneben oder hart, wird Schritt geritten. Getrabt und galoppiert wird nur auf ebenem, federndem Boden oder an sanften Steigungen.

Gerade im Galopp werden viele Pferde im Gelände stürmisch. Du musst sofort dagegenwirken, wenn dein Pferd versucht, sich deinen Hilfen zu entziehen. Halt immer die Reihenfolge ein. Wettrennen

Damit die Pferdebeine gleichmäßig belastet werden, solltest du immer wieder zwischen Rechts- und Linksgalopp wechseln.

machen zwar Spaß, aber Pferde lernen schnell und
Dummheiten lernen sie am schnellsten. Bald werden
sie jeden Gruppengalopp als Wettrennen auffassen
und beim Angaloppieren sofort unkontrolliert los-
stürmen. Das kann gefährlich werden. Jeder Reiter
in der Gruppe muss beim Galoppieren sein Pferd
jederzeit durchparieren können.

Ein Galopp im Gelände ist etwas Herrliches!

Gesetzliche Vorschriften

Es gibt eine Reihe von Vorschriften, an die du dich als Geländereiter halten musst. Das Reiten im Straßenverkehr regelt die Straßenverkehrsordnung; darüber hinaus betrifft die Reiter auch das Bundesnaturschutzgesetz und das Bundeswaldgesetz. Die Bundesländer haben jeweils noch eigene Regelungen. Informiere dich unbedingt genau, was erlaubt ist und was nicht. Unkenntnis schützt nicht vor Strafe und falsches Verhalten schafft dem Reitsport Feinde! Achte immer darauf, dass du als Geländereiter niemanden gefährdest, belästigst oder schädigst.

Kennzeichnung am Kopfstück

In einigen Bundesländern ist es Vorschrift, Pferde im Gelände mit Nummern zu kennzeichnen, damit Übeltäter schneller entlarvt werden können.

Reiten in Wald und Feld

Das Reiten auf Wegen in Wald und Feld ist grundsätzlich erlaubt; möglicherweise gibt es aber in deinem Bundesland oder Landkreis Einschränkungen.
Erkundige dich vor dem Ausritt. Landwirtschaftliche
Felder sind tabu, ebenso wird im Wald nicht quer
durchs Unterholz oder gar durch Biotope geritten.
Du könntest dabei junge Bäume beschädigen, Wild
aufscheuchen oder sonstige Schäden verursachen.
Gib Förstern, Jägern und Landwirten keinen Grund,
sich über Reiter zu beschweren. Denke beim Reiten
immer an die Umwelt! Schädige keine Pflanzen oder
Tiere und lass auch keinen Müll liegen!
Wenn du doch einmal unabsichtlich einen Schaden
angerichtet hast, melde diesen unaufgefordert und
leiste wenn nötig
Schadenersatz.

**Erkundige dich genau,
wo du reiten darfst und
wo nicht.**   53

Das Reiten im Straßenverkehr

Wenn du im Straßenverkehr reitest, musst du dich besonders umsichtig verhalten. Das Pferd muss an Verkehr gewöhnt sein – auf ein unerfahrenes Pferd kann der Straßenverkehr sehr beängstigend wirken und du kannst nicht immer damit rechnen, dass die anderen Verkehrsteilnehmer Rücksicht auf dich nehmen.

Im Straßenverkehr werden Pferde wie Fahrzeuge behandelt; auf dem Gehsteig oder auf Radwegen haben sie (außer in Notfällen) nichts verloren. Auch Wanderwege, Trimm-dich-Pfade oder sonstige Sonderwege sind nicht für Reiter da, Autobahnen und Schnellstraßen ebenso wenig. Wo es spezielle Reitwege gibt, musst du diese benutzen. Sie sind durch ein blaues Schild mit weißem Reiter gekennzeichnet. Ein weißes Schild mit rotem Rand und schwarzem Reiter bedeutet dagegen Reitverbot!

Auf der Straße halten Reiter sich rechts.

Geritten wird auf einer Fahrstraße im Schritt am
rechten Fahrbahnrand oder, falls vorhanden, auf
dem Seitenstreifen, entweder hintereinander oder
in Gruppen ab sechs Pferden zu zweit nebeneinander. Ein solcher „geschlossener Verband" darf höchs-
tens 25 Meter lang sein, das sind ungefähr sechs
Paare. Ein größerer Verband muss sich also teilen,
damit Autofahrer überholen und einscheren können. Zwischen den einzelnen Verbänden sollte ein
Abstand von 25 Metern liegen. **55**

Richtungsänderungen müssen immer per Handzeichen angegeben werden, wie auf dem Fahrrad. Im geschlossenen Verband geben der erste und der letzte Reiter das Handzeichen.
Soll eine Straße überquert werden, muss die Gruppe nah beieinanderbleiben. Es dürfen keine Lücken entstehen, die von einem Auto genutzt werden kön-

Vor dem Überqueren der Straße wird aufgeschlossen.

Nächtliche Ausritte können gefährlich sein! Im Dunkeln solltest du deshalb immer nur im Schritt reiten. Versuche zu vermeiden, nach Einbruch der Dunkelheit

nen. Zurückbleibende Pferde könnten dann in Panik geraten. Soll die Straßenseite gewechselt werden, wenden auf Kommando alle Reiter gleichzeitig im rechten Winkel ab und reiten auf die andere Seite. Beim Linksabbiegen in der Gruppe gibt es verschiedene Varianten (siehe vordere innere Klappe). Richte dich nach den Anweisungen des Rittführers.

Im Dunkeln brauchst du auf öffentlichen Wegen eine Beleuchtung. Wenn du allein reitest, musst du auf der linken Seite eine weiße Leuchte haben, zum Beispiel eine Lampe am Stiefel, die von vorn und von hinten gut sichtbar ist. Im geschlossenen Verband brauchen nur Anfangs- und Schlussreiter eine Beleuchtung. Wird im Verband paarweise geritten, müssen jeweils beide Reiter an Anfang und Ende beleuchtet sein, damit die Breite der Gruppe erkennbar ist. Es werden vorne weiße Leuchten, nach hinten ein rotes Licht oder gelbes Blinklicht verwendet. Zusätzlich gibt es reflektierende Ausrüstung, z. B. Leuchtstreifen für die Pferdebeine, reflektierende Westen, Helmbezüge und Decken.

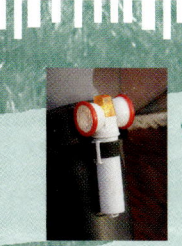

Stiefellampe
noch unterwegs zu sein! Achte zu deiner eigenen Sicherheit darauf, dass du gut und von Weitem zu sehen bist.

Prüfungsaufgaben

Bei der Prüfung zum Reitpass musst du verschiedene Aufgaben während des Ausrittes bewältigen. Diese solltest du vorher sorgfältig üben.

Wegreiten des Pferdes von der Gruppe

Du musst dein Pferd so gut unter Kontrolle haben, dass du es auch zum Verlassen der Gruppe bewegen kannst. Zum Beispiel könnte es einmal notwendig werden, dass du bei einem Unfall Hilfe holst. Das „Kleben" an der Gruppe sollte sich dein Pferd gar nicht erst angewöhnen; übe darum regelmäßig das Wegreiten. Weggeritten wird im Schritt, während die Gruppe stehen bleibt oder sich ebenfalls im Schritt bewegt.

Dein Pferd muss sich problemlos von der Gruppe lösen.

Einzelgalopp von Punkt zu Punkt

Beim Einzelgalopp wird wie beim Wegreiten von der Gruppe überprüft, ob du dein Pferd gut unter Kontrolle hast. Galoppiere nicht direkt von der Gruppe weg, sondern entferne dich im Schritt ein Stück; sonst steckt dein Pferd vielleicht die anderen an und aus dem Einzelgalopp wird ein wildes Wettren-

So soll ein Einzelgalopp aussehen.

nen. Dein Pferd soll kontrolliert und ruhig galoppieren und sich willig wieder durchparieren lassen. Reite zur Gruppe im Schritt oder im langsamen Trab zurück – nicht wild auf die anderen Pferde zuschießen!

Überholen und Begegnungen

Beim Reitpass kann verlangt werden, dass du innerhalb der Gruppe die Position wechselst. Überholt wird immer mit Ruhe – hektisches Vorbeigaloppieren stachelt die anderen Pferde auf. Reite mit ausreichend seitlichem Abstand im Schritt oder im ruhigen Trab an den anderen Pferden vorbei. Dasselbe gilt, wenn ihr gegeneinander reiten sollt, euch eine fremde Reitergruppe entgegenkommt oder ihr eine andere Gruppe überholt. Es wird immer ausreichend Abstand gehalten und Schritt oder ruhiger Trab geritten.

Begegnet ihr Fußgängern oder Radfahrern, wird immer zum Schritt durchpariert und ein großzügiger Abstand eingehalten. Denk daran, dass die Leute

vielleicht Angst vor Pferden haben und sich bedroht fühlen könnten. Im Zweifelsfall halte an oder sitze ab. Grüße freundlich und benimm dich immer höflich, rücksichtsvoll und zuvorkommend.

Immer wieder werden dir auf Ausritten auch Pferde oder andere Tiere auf der Weide „begegnen". Verhalte dich hier genauso wie bei allen anderen Begegnungen: durchparieren zum Schritt und ruhig vorbeireiten. Wenn du eine Gruppe weidender Tiere aufscheuchst, könnten Unfälle passieren. Sei aufmerksam, denn manche Pferde reagieren ängstlich auf Rinder, Schafe und andere Tiere. Rechne mit Erschrecken oder einem Seitensprung.

Hetze auf weidende Kühe nicht zu wie ein Cowboy, sondern reite langsam vorbei.

Verhalten während einer Pause

Bei einer Pause gilt dasselbe wie beim Zurückkommen in den Stall: Das letzte Stück sollte im Schritt geritten werden, damit sich die Pferde entspannen und Puls und Atmung sich beruhigen.

Zieh nach dem Absitzen die Steigbügel hoch. Bei einer längeren Rast lockerst du den Sattelgurt; denk aber nach der Pause daran, die Lage des Sattels vor

Pferde dürfen nur an festen Gegenständen angebunden werden.

dem Festziehen zu prüfen. Angenehmer ist es für das Pferd, wenn du ganz absattelst.

Während der Rast müssen die Pferde festgehalten oder sicher angebunden werden. Ein Reiter kann zwei Pferde auf einmal halten, wenn sie gut erzogen und verträglich sind.

Zum Anbinden musst du Halfter und Strick mitnehmen, denn das Anbinden an der Trense ist gefährlich. Achte darauf, dass das Pferd sich nicht in den Zügeln verheddern kann; schnall sie zum Beispiel im Kehlriemen fest. Es gelten dieselben Regeln wie beim Anbinden im Stall: auf Brusthöhe und so kurz, dass das Pferd nicht in den Strick treten kann. Es sollte nicht grasen können. Such dir feste Anbindemöglichkeiten aus, z. B. kräftige Bäume. Eine gute Methode ist, ein Seil zwischen zwei Bäumen zu spannen und mehrere Pferde mit ausreichend Abstand daran anzubinden. Im Gelände angebundene Pferde müssen ständig beaufsichtigt werden, damit sofort eingegriffen werden kann, wenn es Streit oder andere Probleme gibt.

Achte im Gelände immer darauf, welche Pflanzen in der Nähe wachsen. Möglicherweise sind Giftpflanzen dabei. Die wichtigsten Giftpflanzen solltest du dir einprägen. Sie werden auch bei der Prüfung abgefragt.

Eibe – hochgiftig!

Buchsbaum

Liguster

Lebensbaum – hochgiftig!

Herbstzeitlose

Eisenhut – hochgiftig!

Maiglöckchen

Johanniskraut

Tollkirsche

Seidelbast – hochgiftig!

Christrose – hochgiftig!

Robinie

Aronstab

Oleander – hochgiftig!

Natürliche Hindernisse

Im Gelände musst du vorausschauend reiten, d. h., du solltest mögliche Schwierigkeiten immer vor deinem Pferd erkennen. Achte auf den Boden und seine Beschaffenheit. Ein Graben, eine Wasser-

Halte beim Bergabreiten den Oberkörper im rechten Winkel zum Hang.

Starke Steigungen werden im Schritt geritten, an leichten Hängen kannst du auch ein flotteres Tempo reiten. Bergab reitest du immer im Schritt; wenn dein Pferd ins Rennen kommt, könnte das übel ausgehen.

pfütze, ein tiefes Schlagloch können dich schnell aus dem Gleichgewicht bringen. In schwierigem Gelände solltest du den Pferderücken entlasten und deinem Pferd genügend Kopffreiheit geben, damit es sich ausbalancieren und Bodenhindernisse ansehen kann.

Bergauf und bergab

Beim Bergauf- und Bergabreiten und Klettern musst du deinen Sitz an die Steigung anpassen und so dein Pferd unterstützen. An Hängen wird immer gerade geritten, nicht schräg zum Hang, denn sonst könnten dem Pferd die Beine wegrutschen. Bergauf lehnst du deinen Oberkörper nach vorn und hebst den Hintern leicht aus dem Sattel; so entlas-

Bergauf lehnst du dich nach vorn.

test du die Hinterhand. Bergab bleibst du im Sattel sitzen, der Oberkörper wird wieder leicht nach vorn gelehnt, etwa im rechten Winkel zum Hang.

Für das Klettern gelten dieselben Regeln für deine Haltung. Achte bei steilen Hängen darauf, dass du nicht „hinter die Bewegung", also mit deinem Gewicht hinter den Schwerpunkt des Pferdes gerätst und es damit aus dem Gleichgewicht bringst. Greif im Zweifelsfall in die Mähne. Wenn es sehr stark bergab geht und das Pferd auf der Hinterhand rutschen muss, hältst du den Oberkörper senkrecht.

Wasserhindernisse

Wasser wirkt auf viele Pferde erst einmal beängstigend und sie müssen behutsam daran gewöhnt werden. Jede Stelle, an der du ins Wasser reiten willst, musst du vorher überprüfen. Ist sie schlammig, verwuchert oder gibt es größere Untiefen, solltest du diese Stelle meiden. Außerdem musst du klären, ob das Ins-Wasser-Reiten überhaupt erlaubt ist.

Am leichtesten geht die Wassergewöhnung zusammen mit einem erfahrenen Pferd, das vorausgeht. Folge ihm ruhig und gelassen mit deinem Pferd. Im Zweifelsfall kannst du das Pferd auch führen; sei aber vorsichtig, manche Pferde springen plötzlich mit einem Satz ins Wasser. Arbeite ohne Gewalt, sie verstärkt nur die Angst des Pferdes.

Sind sie einmal daran gewöhnt, haben viele Pferde Spaß am Wasser – manche zu viel. Pass auf, dass dein Pferd sich nicht mit dir im Sattel im Wasser hinlegt und du möglicherweise unter das Pferd gerätst. Sollte es anfangen zu scharren und mit den Vorderbeinen einzuknicken, treibe es energisch vorwärts und halt seinen Kopf hoch. Legt sich das Pferd doch einmal hin, nimm die Füße aus den Bügeln und spring ab, möglichst weit weg vom Pferd.

Lass deinem Pferd Zeit.

Springen im Gelände

Wenn du möchtest, kannst du für den Reitpass auch eine Springprüfung ablegen. Du musst dafür vier feste Geländehindernisse von bis zu 80 Zentimeter Höhe überwinden. Fest bedeutet, dass die Stangen nicht wie beim Springen in der Bahn fallen können. Geländehindernisse können z. B. Baumstämme, Zäune oder Gräben sein. Bei Hindernissen, die du im Gelände vorfindest, musst du immer den umgebenden Boden überprüfen. Unbefestigte Hindernisse wie Holzstapel sind ungeeignet; Drahtzäune sind schwer zu sehen.

Fang mit kleinen Sprüngen auf dem Platz an.

Hecken eignen sich gut als Geländehindernisse.

Es ist sinnvoll, das Springen erst auf einem einge-
zäunten Platz oder in einer Reithalle zu üben, bevor
du dich im Gelände daran wagst. Den leichten Sitz
musst du gut beherrschen.
Reite dein Pferd im leichten Sitz in ruhigem, kontrol-
liertem Tempo (Trab oder Galopp) auf die Mitte des
Hindernisses zu. Geh flüssig in der Bewegung mit, sieh
nach vorn und schieb vor allem die Hand nach vorn.
Das Pferd braucht seinen Hals als „Balancierstange".
Nach dem Hindernis solltest du dein Pferd wieder
aufmerksam machen; es muss deine Hilfen wieder
annehmen und darf nicht einfach weiterstürmen. **71**

Gefahren und Unfälle

Manchmal kommt es im Gelände zu Auseinandersetzungen zwischen Pferd und Reiter. In solchen Fäl-
len musst du richtig reagieren, damit keine Unfälle
passieren.

Scheuen

Das Scheuen kommt im Gelände häufig vor. Dein
Pferd erschrickt vor etwas Unbekanntem und springt
vielleicht zur Seite oder weigert sich weiterzugehen.
In einem solchen Fall musst du Ruhe bewahren.
Wirke mit Schenkeln, Gewicht und Zügeln auf das
Pferd ein. Reite das Pferd vorwärts-seitwärts an der
„Gefahr" vorbei; der Pferdekopf wird abgewendet,
der Körper wird zur Gefahr hingewendet. Ein ruhi-
ges, erfahrenes Pferd, das vorausgeht, kann Wun-
der wirken. Versuche, die natürliche Neugier deines
Pferdes zu nutzen, lass ihm Zeit, das gefährliche
Objekt anzusehen und zu beschnuppern. Es ist

Ein Sturz kann passieren – doch meis-
tens geht er glimpflich ab. Versuche bei
einem Sturz, die Zügel festzuhalten. Droht
das Pferd aber, dich mitzuschleifen,
lass sie sofort los!

sinnvoll, in die tägliche Arbeit mit dem Pferd auch die Annäherung an unbekannte Dinge einzubauen. Wenn du dein Pferd so auf sanfte Weise „abhärtest", bleibt es bei Ausritten ruhiger.

Durchgehen

Das Durchgehen ist die Steigerung des Scheuens: Das Pferd flieht unkontrolliert vor der Gefahr. Durchgehen kann aber auch eine Folge von Übermut sein. Die Vorstufe zum Durchgehen ist häufig das Pullen: Das Pferd zieht gegen die Hand.

Wenn dein Pferd pullt oder durchgeht, lass dich nicht auf ein Kräftemessen ein. Es nützt nichts, nur mit aller Kraft an den Zügeln zu ziehen. Das Pferd ist im Zweifelsfall stärker. Bleib ruhig, sitz tief im Sattel ein und wende alle Hilfen an. Ein durchgehendes Pferd lenkst du, sofern du Platz hast, in einen immer kleiner werdenden Kreis. So muss es langsamer werden.

Buckeln, Bocken und Steigen

Manche Pferde buckeln im Gelände einfach aus Übermut und Freude. Versuche, solche Buckler ruhig auszusitzen und das Pferd energisch vorwärts zu treiben. Bocken dagegen ist eine ernsthafte Widersetzlichkeit, die sehr unangenehm werden kann. Sitz tief im Sattel ein, treib das Pferd vorwärts und halte seinen Kopf oben. Wenn das Pferd den Kopf zwischen die Vorderbeine stecken kann, kann es kräftig bocken.

Steigen ist eine sehr gefährliche Form der Widersetzlichkeit. Wenn sich dein Pferd auf die Hinter-

Pferde, die heftig und oft widersetzlich sind, häufig steigen oder bocken, sind keine geeigneten Geländepferde – schon gar nicht für junge Reiter!

beine stellt, musst du richtig reagieren, sonst könnte es sich mit dir im Sattel überschlagen. Lass die Zügel locker, lehn dich nach vorn, nimm, wenn es geht, die Füße aus den Steigbügeln und treib das Pferd an.

Steiger sind gefährlich.

Erste Hilfe

Unfälle im Gelände lassen sich nicht völlig vermeiden. Deshalb musst du wissen, was im Ernstfall zu tun ist. Die oberste Grundregel ist: Immer Ruhe bewahren! Panik hilft nicht weiter!
Es ist sinnvoll, immer ein Erste-Hilfe-Paket auf einem Ausritt dabeizuhaben, außerdem sollte mindestens eine Person an einem Erste-Hilfe-Kurs teilgenommen haben.

Erste Hilfe für den Reiter

Meist gehen Stürze glimpflich ab; der Reiter kann sofort wieder aufstehen und aufsitzen. Bleibt ein Reiter nach einem Sturz liegen, musst du
- herausfinden, ob er ansprechbar ist,
- seine Atmung kontrollieren,
- seinen Puls messen,
- überprüfen, ob er stark blutende Verletzungen hat.

Ein Reiter, der Schmerzen hat, sollte nicht wieder aufs Pferd steigen. Im Zweifelsfall sollte immer ein Arzt überprüfen, ob alles in Ordnung ist.

Ein bewusstloser Verletzter sollte in die stabile Seitenlage (siehe hintere innere Klappe) gebracht werden; so wird die Gefahr des Erstickens abgewendet. Wenn Atmung und/oder Puls aussetzen, muss eine Atemspende bzw. eine Herz-Lungen-Wiederbelebung durchgeführt werden. Das lernt man in einem Erste-Hilfe-Kurs.

Über Handy wird Hilfe gerufen; falls das Handy keinen Empfang hat, muss ein Reiter rasch losreiten und Hilfe holen. Beim Behandeln von Verletzungen solltest du vorsichtig sein; unsachgemäßes Vorgehen kann alles nur schlimmer machen. Tu nur, was nötig ist, und überlass alles Weitere den Rettungskräften.

Ein Sturz ist schnell passiert.

Verletzte stehen häufig unter Schock. Du erkennst den Schock an kalter und blasser Haut, Frieren, Teilnahmslosigkeit, schnellem Puls und Schwitzen. Beruhige einen Schockpatienten, überlass ihn nicht sich selbst und kontrolliere immer wieder Puls und Atmung. Bei einem Schock sollte der Verletzte auf dem Rücken liegen; die Beine werden mit leicht angewinkelten Knien etwas höher als der Kopf gehalten. Wenn möglich, sollte er zugedeckt werden. Wenn der Verdacht auf eine Rückenverletzung besteht (kommt beim Reiten häufiger vor), darfst du den Verletzten auf keinen Fall bewegen, auch nicht, um ihn in die stabile Seitenlage zu bringen. Knochenbrüche solltest du ebenfalls nicht bewegen; eine offene Bruchstelle kannst du abdecken, geschlossene Brüche kühlen. Stark blutende Wunden werden mit einem Druckverband verbunden. Auch bei Prellungen hilft ein Druckverband sowie Kühlung.
Nicht nur um den Reiter, sondern auch um das Pferd des Gestürzten sollte sich jemand kümmern. Es

muss eingefangen werden; sollte es unkontrolliert

Hilfe erreichst du immer und überall unter der Nummer 112. Wenn du mit Rettungskräften telefonierst, gib möglichst genaue Auskünfte und warte auf Rückfragen.

und panisch geflüchtet sein, muss die Polizei alarmiert werden. Panische Pferde nehmen unter Umständen ihre Umgebung nicht mehr richtig wahr und können schlimme Unfälle verursachen. Sag der Polizei, wo der Heimatstall ist – möglicherweise läuft das Pferd dorthin. Gib auch im Stall Bescheid.

Ein Sattel kann als Fußstütze für einen Schockpatienten dienen.

Die wichtigsten Punkte sind:
▶ Wo ist der Unfall passiert?
▶ Was ist passiert? ▶ Welche Verletzungen?
▶ Wie viele Verletzte gibt es?

Erste Hilfe fürs Pferd

Sollte ein Pferd verletzt sein oder plötzlich krank werden, muss sofort ein Tierarzt verständigt werden. Das Pferd kann bei leichteren Verletzungen oder Lahmheiten zurück in den Stall geführt werden, ansonsten muss es mit einem Pferdehänger abgeholt werden. Muss es aus einer schwierigen Situation

geborgen werden, werden Polizei und/ oder Feuerwehr verständigt.

Behandeln sollte das Pferd immer der Tierarzt. Bis zu seinem Eintreffen kannst du je nach Krankheit oder Verletzung kleinere Sofortmaßnahmen ergreifen:

Provisorischer Verband

Für Notfälle sollte auf langen Ritten im Gepäck sein: ▶ 1 Laken ▶ Gazetupfer ▶ 1 Stück Sackleinen ▶ Jodlösung zum Desinfizieren ▶ Kochsalzlösung

LAHMHEITEN: Unbedingt schonen! Das Pferd wird nach Hause geführt oder mit dem Hänger abgeholt.

WUNDEN: Nur kleine, oberflächliche Wunden und Hautverletzungen selbst mit Desinfektionslösung behandeln. Größere Wunden sollte immer der Tierarzt behandeln. Bei starken Blutungen muss ein Druckverband angelegt werden.

SATTELDRUCK: Die drückende Ausrüstung wird abgenommen und die betroffenen Stellen werden gekühlt. Das Pferd sollte einige Tage nicht geritten werden. Die Ausrüstung muss korrigiert werden, sonst sind die Druckstellen schnell wieder da. Im Zweifelsfall Tierarzt hinzuziehen.

AUGENVERLETZUNGEN: Auf keinen Fall selber behandeln, immer den Tierarzt rufen.

FREMDKÖRPER IM HUF: Der Fremdkörper wird, wenn möglich, vorsichtig entfernt; im Zweifelsfall solltest du das aber dem Tierarzt überlassen. Vorher

▶ Mullbinden und elastische Binde ▶ Verbandswatte ▶ Stumpfe Schere ▶ Gewebeklebeband ▶ Hufkratzer, Hufmesser, Pinzette ▶ Erste-Hilfe-Paket für Menschen

muss die Hufsohle mit Wasser und Desinfektions-
mittel gesäubert werden. Das Pferd darf nicht mehr
geritten werden. Den Fremdkörper dem Tierarzt zeigen und beschreiben, wie er im Huf gesteckt hat.
Große Fremdkörper darf nur der Tierarzt entfernen,
wenn du sie selbst herausziehst, könnte eine
schwere Blutung die Folge sein.

KREUZVERSCHLAG: Diese Krankheit erkennt man
an einer lähmungsartigen Lahmheit in der Hinterhand. Das Pferd schwitzt, zittert und knickt in der
Hinterhand ein, die Muskeln an Rücken und Kruppe
sind hart und verspannt. Es darf auf keinen Fall weiter geritten werden, sondern muss wenn möglich
eingedeckt und mit dem Hänger abgeholt werden.
Unbedingt den Tierarzt rufen!

KOLIK: So nennt man alle Erkrankungen, die Bauch-
schmerzen zur Folge haben. Ein Kolikpferd ist nervös,
verschwitzt, wirft sich hin, wälzt sich oder ist auffal-
lend teilnahmslos. Sofort den Tierarzt verständigen!

Das Pferd darf nicht fressen oder saufen und wird wenn möglich ruhig geführt, bis der Tierarzt kommt.

VERGIFTUNGEN: Ist dein Pferd nervös, schwitzt es, zeigt es Lähmungserscheinungen oder hat es Koliksymptome? Dann könnte eine Vergiftung der Grund sein. Sofort den Tierarzt rufen; das Pferd darf bis zu seinem Kommen nichts mehr fressen. Schau dich um: Was könnte das Pferd gefressen haben? Bring dem Tierarzt eine Probe mit, das kann ihm bei der Diagnose helfen.

Verlass dich nicht darauf, dass Pferde Giftpflanzen erkennen und meiden. Halt immer die Augen offen.

Weitere Geländeabzeichen

Das Geländereiten macht dir Spaß? Es gibt über den Reitpass hinaus eine Vielzahl von Geländeabzeichen: im Jagdreiten, im Wanderreiten und Distanzreiten. In den beiden letzteren Disziplinen gibt es auch Wettkämpfe; darüber hinaus gehört in den Vielseitigkeitsprüfungen neben Dressur und Springen auch das Geländereiten mit zum Programm. Bei der Prüfung für die Deutschen Reitabzeichen kannst du die Springprüfung gegen eine Geländeprüfung ersetzen. Außerdem gibt es eine Vielzahl von Breitensportwettkämpfen: Schnitzeljagden, Orientierungsritte, Pferderallyes, Streckenritte … der Fantasie sind fast keine Grenzen gesetzt. Gemeinsam mit anderen Reitern und Pferden wirst du sicher jede Menge Spaß in Wald und Flur haben.

Spaß im Gelände

Goldene Regel zum Schluss

Oberstes Gebot für jeden Reiter ist der Tierschutz. Laut Tierschutzgesetz muss jedes Tier und damit auch jedes Pferd artgerecht behandelt, gepflegt und gehalten werden. Niemand darf einem Tier (außer in Notsituationen) Leistungen abverlangen, die es nicht erbringen kann, oder ihm vermeidbaren Schaden oder Schmerzen zufügen. Doping, also die Gabe von Medikamenten zur Leistungssteigerung, ist absolut verboten.

Das Wohl des Pferdes ist immer die wichtigste Richtlinie für Reiter. Da Pferde dir viele schöne Stunden bereiten, ist es nur recht und billig, wenn du dir die größte Mühe gibst, für jedes Pferd, das man dir anvertraut, angemessen zu sorgen und es gut zu behandeln.

Wenn du noch Fragen zur Prüfung hast, wende dich an die FN:
Deutsche Reiterliche Vereinigung e. V.
Abteilung Ausbildung
48229 Warendorf
Tel: 02581/63 62-0 · Fax: 02581/6 21 44
E-Mail: fn@fn-dokr.de · www.pferd-aktuell.de

Quiz

Solche und ähnliche Fragen könnten dir die Richter bei der Prüfung stellen:

1. Wo musst du dich einordnen, wenn du im Straßenverkehr reitest?
2. Nenne einige für Pferde giftige Pflanzen.
3. Welche Hilfszügel eignen sich fürs Geländereiten?
4. Was gehört zur Ausrüstung des Reiters im Gelände?
5. Nach welchem Gesetz musst du dich als Reiter im Straßenverkehr richten?
6. Welche Beleuchtung brauchst du als einzelner Reiter im Dunkeln?
7. Was gehört zur Pferdepflege vor dem Ausritt?
8. Wie häufig sollte ein Pferd gefüttert werden?
9. Was tust du, wenn du beim Ausreiten Fußgängern begegnest?
10. Welche Hilfen gibt es?
11. Welchen Sitz musst du im Gelände und beim Springen beherrschen?
12. Was bedeutet es, wenn der Anfangsreiter auf dem Ausritt den Arm hochstreckt?

13. Wie viel Abstand solltest du in einer Reitergruppe im Gelände halten?

14. Was ist ein geschlossener Verband?

15. Was musst du tun, wenn ein gestürzter Reiter bewusstlos ist?

16. Was ist bei der Haltung von Pferden in Einzelboxen besonders wichtig?

17. Was ist das wichtigste Kraftfutter für Pferde?

18. Was tust du, wenn dein Pferd steigen sollte?

19. Welche Versicherung sollte dein Pferd haben?

20. Was musst du beim Leichttraben im Gelände regelmäßig tun?

21. Was musst du vor dem Springen über Geländehindernisse tun?

22. Womit kannst du die Pferdebeine im Gelände schützen?

23. Welche Sättel eignen sich zum Geländereiten?

24. Wie viel Wasser benötigt ein Pferd?

25. Was tust du, wenn dein Pferd bockt?

26. Wie wird bergab und bergauf geritten?

27. Wie sind Reitwege gekennzeichnet?

Antworten

1. Am rechten Fahrbahnrand
2. Zum Beispiel: Herbstzeitlose, Adlerfarn, Eisenhut, Roter Fingerhut, Buchsbaum, Aronstab, Tollkirsche, Rhododendron, Liguster, Goldregen, Pfaffenhütchen, Gefleckter Schierling, Lebensbaum, Seidelbast, Eibe, Bingelkraut
3. Das Ringmartingal, es gibt dem Pferd ausreichende Halsfreiheit.
4. Ein guter, splitter- und bruchsicherer Helm, Reitstiefel oder Stiefeletten, Reithose und ein geeignetes Oberteil, gegebenenfalls Regenschutz
5. Nach der Straßenverkehrsordnung (StVO)
6. Eine weiße, nicht blendende Leuchte auf der linken Seite. Reflektierende Ausrüstung ist außerdem empfehlenswert.
7. Gründliches Putzen des Fells und Auskratzen der Hufe, außerdem das Überprüfen des Pferdes auf mögliche Krankheits- oder Verletzungssymptome
8. Mindestens dreimal am Tag
9. Durchparieren zum Schritt und langsam vorbeireiten, dabei höflich grüßen
10. Schenkelhilfen, Gewichtshilfen, Zügelhilfen
11. Den leichten Sitz
12. Halt!
13. Mindestens zwei Pferdelängen
14. Eine Reitergruppe von mindestens sechs Reitern, die paarweise hintereinander reiten. Die Kolonne darf maximal 25 Meter lang sein.
15. Bringe ihn in die stabile Seitenlage und rufe ärztliche Hilfe.
16. Die Pferde müssen regelmäßig und viel bewegt werden.
17. Hafer
18. Oberkörper und Hände nach vorn, Füße aus den Bügeln
19. Eine Tierhalter-Haftpflichtversicherung
20. Umsitzen
21. Überprüfen, ob rund um das Hindernis keine Verletzungsrisiken bestehen
22. Am besten mit Gamaschen
23. Geeignet sind z. B. Vielseitigkeitssättel, Trachtensättel und Westernsättel.
24. Etwa 50 Liter am Tag
25. Seinen Kopf hochhalten und vorwärts treiben
26. Senkrecht zum Hang
27. Durch ein Schild mit einem weißen Reiter auf blauem Grund